AF267890

Fascicule, n° 4.

LIGUE SAINT-MARTIN
D'ARRAS

LA VÉRITÉ

SUR

LE CHEVALIER DE LA BARRE

GRAVES ERREURS

de M. le comte Douville de Maillefeu

ARRAS

IMPRIMERIE DE LA SOCIÉTÉ DU PAS-DE-CALAIS

P.-M. LAROCHE, DIRECTEUR

Rue d'Amiens, 41 & 43

1883

LA VÉRITÉ SUR LE CHEVALIER DE LA BARRE

GRAVES ERREURS

de M. le comte Douville de Maillefeu

DÉPÔT LÉGAL
Pas de Calais
N° 278
1883

Lb57
8717

Fascicule, n° 4.

LIGUE SAINT-MARTIN
D'ARRAS

LA VÉRITÉ

SUR

LE CHEVALIER DE LA BARRE

GRAVES ERREURS

de M. le comte Douville de Maillefeu

ARRAS

IMPRIMERIE DE LA SOCIÉTÉ DU PAS-DE-CALAIS

P.-M. LAROCHE, DIRECTEUR

Rue d'Amiens, 41 & 43

1883

LIGUE SAINT-MARTIN

D'ARRAS

Faits. — Condamnation. — Exécution.

Pendant la nuit du 8 au 9 août 1765, un crucifix, placé sur le Pont-Neuf d'Abbeville, fut mutilé, et un autre, au cimetière de Saint-Nicolas de la même ville, fut couvert d'immondices.

Le cri public désigna comme les coupables, cinq jeunes gens dont la conduite était un scandale. On rappelait qu'un mois auparavant, ils avaient passé, le chapeau sur la tête, près du Saint-Sacrement porté en procession ; on les avait entendus prononcer d'ignobles blasphèmes

contre l'Hostie sacrée, contre la sainte
Vierge et les Saints ; on les avait vus se
prosterner et faire des génuflexions devant des livres obscènes ; enfin l'un d'eux
avait voulu acheter à une personne de la
ville un christ en plâtre pour le profaner.....

Ces jeunes gens, Jean-François Lefeb-
vre, chevalier de La Barre, — Charles-
François-Marcel Moisnel,—Gaillard d'Estalonde, — Jean-François Douville de
Maillefeu, — et Pierre-François Demais-
niel de Saveuse, furent décrétés d'accusation.

Une sentence rendue par la sénéchaussée
du Ponthieu, à Abbeville, le 28 février
1766, condamna notamment le chevalier
de La Barre à faire amende honorable, à
avoir la langue et la main droite coupées,
puis à être brûlé vif, « pour impiété, blasphèmes, sacrilèges exécrables et abomi-
nables. »

De profanation de crucifix, il ne fut pas
question.

Par arrêt de la cour du Parlement de
Paris, rendu le 4 juin 1766, la sentence fut
confirmée, ordonnant que le corps serait
brûlé seulement après décapitation : le
Parlement ordonna en outre de jeter, sur
le même bûcher, le *Dictionnaire philosophique* de Voltaire, comme ayant été la

cause, d'après l'aveu même du coupable, des impiétés commises par lui.

L'exécution eut lieu sur la place du marché au blé d'Abbeville, le 1er juillet 1766.

Conférence de M. le comte Douville de Maillefeu. — Ses Erreurs.

M. le Comte Douville de Maillefeu entreprit, dans une conférence publique qui eut lieu, à Abbeville le dimanche 21 octobre 1883, sous la présidence de M. Tony-Révillon, non-seulement de réhabiliter la mémoire de de La Barre, mais de le glorifier, en demandant l'érection d'une statue à ce jeune impie, sur une des places publiques de la ville.

Le conférencier avait surtout en vue l'attaque contre la religion et l'Eglise, la glorification de Voltaire et de sa philosophie, la réclame en faveur de la République et d'une candidature électorale.

Après le discours de M. le Comte Douville de Maillefeu, un des quatre délégués de la Ligue Saint-Martin, chargé de donner la réplique, se leva ; mais la foule, esclave du mot d'ordre et obéissant au signal de ses chefs, placés sur l'estrade, étouffa la voix de « l'osé » contradicteur.

Pour le public impartial, il importe cependant que justice soit faite d'un discours rempli d'erreurs, de sophismes et d'appréciations passionnées.

M. le Comte Douville de Maillefeu a émis les propositions suivantes :

1° La condamnation du chevalier de La Barre fut une atteinte à la liberté de conscience ;

2° Le châtiment fut excessif et infligé sous la pression de l'Eglise et des Jésuites;

3° L'attitude du chevalier montre son grand courage et sa fierté ;

4° Sa mort priva la France d'un officier très instruit et très distingué ;

5° Voltaire prit sa défense et l'excusa ;

6° Il est de l'honneur de la République et de la ville, témoin de l'injustice, de réhabiliter de La Barre en lui élevant une statue.

I

La condamnation du chevalier de La Barre fut-elle une atteinte à la liberté de conscience ?

"Qui donc a violé la liberté de conscience, sinon ce jeune débauché qui insultait à la croyance de toute une population chrétienne, dans la pratique de ses devoirs les plus sacrés ? Exalté et perverti par les doctrines mensongères de Voltaire, il se faisait une gloire d'outrager, avec ses compagnons, le Dieu révéré par ses concitoyens et tournait en dérision leurs actes de religion.

La liberté de conscience consiste-t-elle à permettre aux plus mauvaises passions, et à toutes les aberrations de l'esprit de se produire au grand jour ? Il y a des principes nécessaires au maintien de la société, quelle que soit la forme du gouvernement qui la régit : le respect de Dieu ; sinon plus

de sanction morale, et le bien et le mal
sont de vains mots ; le respect de l'indi-
vidu, sinon plus de sûreté personnelle ; le
respect de la famille, à moins d'autoriser
les désordres contre la morale, de suppri-
mer l'éducation, et de ne voir dans l'hu-
manité qu'un troupeau sauvage ; le respect
de la propriété, sans laquelle l'initiative
individuelle serait détruite, l'émulation
abolie, le progrès arrêté.

Attaquer un seul de ces principes, c'est
se mettre en révolte contre la société, et
la société a le droit et le devoir de se défendre. — Jean-Jacques Rousssau, malgré
ses aberrations, l'avait compris :

« Tout philosophe athée, dit-il, est un
« raisonneur de mauvaise foi, ou que son
« orgueil aveugle. Chacun doit savoir qu'il
« existe un arbitre suprême du sort des
« humains, duquel nous sommes tous les
« enfants. Ces dogmes sont ceux qu'il im-
« porte d'enseigner à la jeunesse et de
« persuader à tous les citoyens. Quicon-
« que les combat mérite châtiment sans
« doute ; il est le perturbateur de l'ordre et
« l'ennemi de la société.

« Le magistrat peut bannir de l'Etat
« quiconque ne croit pas les dogmes de la
« *religion civile à la tête desquels je mets*
« *l'existence de Dieu.* Il peut le bannir,

« non comme impie, mais comme *insocia-*
« *ble*, comme incapable d'aimer sincère-
« ment les lois, la justice et d'immoler au
« besoin sa vie à son devoir. Si quelqu'un,
« après avoir reconnu publiquement ces
« mêmes dogmes, se conduit comme ne
« les croyant pas, *qu'il soit puni de mort;*
« il a commis le plus grand des crimes ; il
« a menti devant les lois. » *(Emile, tome IV,*
p. 68. — Contrat social, c. 8.)

La condamnation du Chevalier n'a
donc pas été une atteinte à la liberté de
conscience.

II

La répression a-t-elle été violente, excessive, cruelle ; l'œuvre d'une pression cléricale et jésuitique, pour employer le langage du conférencier ?

Certes, nous ne faisons pas des vœux pour le rétablissement de l'ancienne pénalité. Autant que personne, nous regardons comme un bienfait et un progrès l'abolition des tortures usitées jadis. Cependant, si l'on veut juger impartialement un fait historique, l'apprécier conformément à la vérité, il faut se placer à l'époque où il s'est produit, et l'on ne peut sans injustice, faire abstraction du milieu social, des mœurs, des coutumes et de la législation.

Or, au dix-huitième siècle, il y avait une religion d'Etat, et c'était la religion catholique ; les actes royaux commençaient par proclamer la souveraineté du Christ,

Christo regnante, et le respect de la religion était la base de l'organisation sociale à ce point que le crime de lèse-majesté divine était plus sévèrement puni que les crimes de lèse-majesté royale.

Or l'ordonnance de 1670 maintenait l'ancienne procédure par écrit, la question préalable, c'est-à-dire les interrogatoires subis au milieu des tourments, et la longue série des peines dont quelques-unes étaient affreuses.

La peine du sacrilège dépendait des circonstances du crime, du temps, du lieu et de la qualité de l'accusé : c'était tantôt la mort par le feu, le fer ou la corde ; tantôt la langue ou la main droite coupées, tantôt les galères perpétuelles ou le bannissement à vie.

Ce régime pénal n'était pas d'ailleurs particulier à la France ; les autres pays de l'Europe où régnaient en maîtres les philosophes en usaient bïen plus cruellement (1).

______

(1) Il suffit de rappeler les prisons de Catherine II, en Russie ; les travaux-forcés de Frédéric II, en Prusse ; les tortures en Allemagne ; les souterrains de Naples et d'Espagne ; les plombs de Vénise ; les forteresses de Joseph II, en Autriche, qui faisaient dire à l'Anglais Howard que le gibet leur était préférable, les atrocités de Pombal en Portugal, où des Prêtres de la miséricorde se dévouaient la nuit, pour aller porter des secours et du pain aux prisonniers.

C'était cependant de la pénalité légale.

Qu'on l'ait fait servir parfois à des rancunes politiques, et même religieuses, qu'à des heures d'effervescence il y ait eu des cruautés commises sous le couvert de la législation, personne ne le conteste, et nous en gémissons. Quel régime n'eut pas ses cruautés ? Et les fils de 93, sont-ils recevables à se faire une arme de pareils malheurs ? Ont-ils donc oublié les massacres des suspects, les noyades de Nantes, l'assassinat de de Launay et sa tête portée au bout d'une pique, le cœur arraché à la princesse de Lamballe, le verre de sang présenté à Mlle de Sombreuil, lâche insulte à la piété filiale, et les fusillades de Lyon, et la torture imposée par le cordonnier Simon, à un enfant dont le seul crime était d'être fils de Roi ; et les insultes, les vexations de tous les jours infligées aux affections et à la pudeur d'une femme, d'une mère, d'une reine malheureuse ; et le Comité secret ; et les horreurs de 1871 ! — S'ils en ont le souvenir, — comment osent-ils donc traiter d'excessive une condamnation portée d'après les lois du pays ? Et puisqu'il a convenu à M. le Comte Douville de Maillefeu de puiser ses documents dans Voltaire, il nous plaît de rappeler le sentiment de l'ami le plus intime de ce Voltaire, de ce renégat, de ce traître à sa patrie, le sentiment de Frédéric II, ce roi de Prusse philosophe, *dont Voltaire se glorifiait d'être le chambellan et qui fut félicité par lui, de la victoire remportée sur les Français à Rosbach :* « La tolérance, disait-il, ne doit pas s'étendre à autoriser l'effronterie et la licence de jeunes étourdis qui *insultent audacieusement* à ce que le peuple révère (1).» Et, à propos du fait lui-même, il écrivait à Voltaire :

« La scène qui s'est passée, à Abbeville, est tragique ; mais n'y a-t-il pas de la faute de ceux qui ont été punis ? Et si l'on veut jouir de la liberté de penser, faut-il heurter de front des préjugés que le temps a consacrés dans l'esprit des peuples ? Et si l'on veut jouir de la liberté de penser, faut-il insulter à la croyance établie (2) ? »

Accuser l'Eglise d'avoir poussé à la condamnation du chevalier de La Barre, faire un reproche à l'évêque d'Amiens, Mgr de la Motte, d'avoir lancé un monitoire pour obliger les fidèles à faire connaître les coupables du sacrilège, c'est se montrer bien ignorant de l'histoire et de la législation.

On entend par *monitoire* des lettres

(1) Lettre à M. des Fontaines, 27 février 1766.
(2) Lettre à Voltaire, 7 août 1766.

délivrées par le juge ecclésiastique, *en exécution* d'une décision du juge royal. Ces lettres étaient publiées au Prône de la Messe paroissiale, et affichées sur la porte des églises et sur les places publiques, il y était enjoint, sous peine d'excommunication, de venir révéler les faits que l'on connaissait sur le contenu du monitoire. — (Durand de Maillane.)

La peine du refus par l'évêque de crier et de publier le monitoire était la confiscation. — Le Concile de Trente (session xxv, ch. 3, *de Reformatione*) prescrit de n'en user qu'avec modération et dans des circonstances graves. Le pape Pie V, en 1570, défendit d'en accorder en matière criminelle; mais en France, par un abus déplorable, l'autorité civile persista à empiéter sur les droits de l'Eglise. Le clergé fit souvent des plaintes au Roi de l'obligation où étaient les Officiaux d'accorder les monitoires demandés. (Remontrances du Clergé en 1760.)

L'évêque d'Amiens fut donc obligé de publier le monitoire, à la requête du juge civil. Et, d'ailleurs, la circonstance était assez grave pour qu'il le fît; le sacrilège était évident, public, et la population indignée demandait la punition des coupables.

La condamnation de de La Barre fut si peu rendue sous l'influence du clergé et des Jésuites que le même Parlement qui condamna de La Barre, lançait, le 4 septembre 1765, un arrêt contre « les actes du clergé » ou délibération du clergé réuni. Le 10 janvier 1767, à l'unanimité, il rendait un nouvel édit contre les Evêques ; puis, en avril de la même année, pour empêcher une réunion d'Evêques qui voulaient protester, à Paris, contre le précédent édit, il leur enjoignait de rentrer sous trois jours dans leurs diocèses, sous peine de saisie du temporel et du mobilier (alors comme aujourd'hui). C'est lui encore qui, le 9 mai 1767, portait un arrêt ordonnant à tous les membres de la Société de Jésus de sortir du Royaume sous quinze jours.

L'instruction de l'affaire de La Barre non plus que sa condamnation ne sont donc pas l'effet des menées cléricales et jésuitiques.

III

L'attitude du chevalier montra-t-elle son grand caractère et sa fierté ?

Il paraîtrait, d'après le conférencier, que de La Barre, au lieu de s'enfuir comme ses complices, serait resté pour tenir tête « au Minotaure ultramontain ».

Eh bien ! non ! De La Barre ne montra pas ce courage stoïque ; *il a fui, bien réellement fui.*

Où fut-il arrêté, en effet ? A l'abbaye de Longvilliers, près de Montreuil-sur-Mer, où il avait été recueilli par le prieur. Sa résidence habituelle était, à Abbeville, chez Mme Feydeau, abbesse de Villancourt. Le coupable, averti indirectement par un de ses futurs juges (1), Duval de Soicourt, s'échappa à petites journées.

(1) Louandre, *Histoire d'Abbeville et du comté de Ponthieu*, p. 157.

D'ailleurs M. le comte Douville de Maillefeu ne nous a-t-il pas dit lui-même qu'il s'était « *réfugié* », à douze lieues de son domicile ? Voilà bien le courage d'un officier qui se croit innocent !

Il importe à ce propos d'expliquer dans quel sentiment trois prêtres ou religieux favorisèrent l'évasion du chevalier et de ses amis. Si le conférencier avait compris l'inspiration de haute charité chrétienne qui dicta leur conduite, il n'en aurait pas dénaturé le motif. C'est le même sentiment qui porte le prêtre à accompagner les condamnés jusqu'au pied de l'échafaud ; c'est lui qui, en 1871, poussait un ôtage de la Commune à détruire l'état nominatif d'un bataillon de fédérés, et à enlever ainsi plus de cinq cents criminels aux rigueurs de la justice ; c'est enfin le devoir de pousser l'abnégation jusqu'à l'amour des ennemis, le devoir de rendre le bien pour le mal que l'Eglise enseigne à ses enfants, même à l'égard de leurs persécuteurs. Cette générosité, de La Barre ne fut pas le premier et ne sera pas le dernier à l'éprouver de la part de ceux qui se vengent en aimant.

Quant au grand caractère de de La Barre, nous n'y croyons pas. Nous l'avons vu fuir après ce sacrilège commis et s'il n'a pas atteint la frontière, c'est qu'il était sans ressources et que la justice a été plus prompte que lui.

Le récit pathétique de sa mort, emprunté à Voltaire et lu par le conférencier, est-il bien authentique et n'a-t-il pas été inventé par son défenseur posthume pour les besoins de la cause ?

Même en admettant ce récit, il est mort comme il a vécu, en fanfaron et en impie, fanatisé par les écrits du philosophe de Ferney.

IV

Sa mort priva-t-elle la France d'un officier très instruit et très distingué ?

De La Barre était, en 1765, âgé de dix-huit ans. Son père, lieutenant-général des armées du roi, avait dissipé une fortune, colossale pour l'époque, de quarante mille livres de rente ; cette influence n'avait guère dû lui être salutaire. La lecture d'ouvrages lascifs et matérialistes, compléta son éducation, qui, d'après un biographe (1), avait été très négligée.

En 1764, il arriva à Abbeville ; sa tante lui acheta un brevet de lieutenant: on lui donna des maîtres, mais leur influence est difficile à apprécier, puisque les faits inculpés datent de l'année suivante.

Voltaire (2), dans sa « relation » pseu-

(1) Louandre, p. 153.
(2) *Œuvres complètes*, imprimerie de la Société littéraire typographique, 1785, t. XXX, p. 329.

donyme « de la mort du chevalier de La Barre » écrit : « *Il serait devenu certainement* un excellent officier ; il étudiait la guerre par principes. » Il ne l'était donc pas encore ! Et qui se portera garant de l'assurance de Voltaire, à qui son grand ami, le roi de Prusse Frédéric, n'apprit sans doute pas à apprécier le mérite militaire ?

Quant à son patriotisme, faut-il en juger d'après celui de son complice d'Estalonde, qui, sur la recommandation de Voltaire, obtint un brevet d'officier de Frédéric, oui, *d'officier prussien*, et même le titre d'aide-de-camp et d'ingénieur du roi de Prusse, à ce point, lui fait dire le patriote Voltaire (1), que « son devoir est de vivre et de mourir à son service ! »

Ce n'est point avec de tels officiers, sans foi et sans mœurs, que notre chère France pouvait réparer les blessures que lui faisaient déjà les Prussiens, toujours aux applaudissements de Voltaire.

(1) *Ibid.*, p. 335. *Le cri du sang innocent.*

V

Pourquoi et comment Voltaire prit sa défense ?

D'abord, s'il le défendit, il ne fit que s'efforcer de sauver sa propre *victime*. Si ce malheureux jeune homme insulta sacrilègement ce qu'il connaissait mal, cela est dû, il l'a déclaré formellement dans le cours du procès, au *Dictionnaire philosophique* de Voltaire, de Voltaire que le sacrilège ne devait guère effrayer, tant il lui était familier à lui-même.

Le philosophe de Ferney, en 1766, écrivit une « Relation de la mort du chevalier de la Barre » ; mais c'était une simple lettre adressée à Beccaria, et signée du faux nom de Cassen : le pseudonyme, avec le mensonge, a toujours été un des procédés par lesquels Voltaire a montré sa rare bravoure. — Or, veut-on savoir ce qu'il faut penser de cette *Relation ?* Nous craindrions d'être accusé de partialité, et nous laissons la parole à l'auteur. Voltaire, dans sa lettre à d'Argental, du 1er avril 1768, l'a jugée lui-même « *ni sage, ni modérée, et outrageante pour les juges* ». Nous ne saurions mieux dire.

En 1775, Voltaire écrit un nouvel opuscule, qu'il appelle « *le Cri du sang innocent* ». Cette sorte de supplique à Louis XV, en faveur d'Estalonde, alors officier prussien et signée de son nom, est une singulière manière de défendre de La Barre, *neuf ans après sa mort !* Nous recommandons ce procédé aux défenseurs désireux de sauver la vie de leurs clients. Ce factum est tellement rempli de faussetés et d'insultes, il respire à tel point les sentiments antipatriotiques de l'auteur prétendu et de l'auteur réel, qu'il excita à cette époque de vives protestations.

Du reste, la défense d'Estalonde et du chevalier de La Barre était bien le moindre des soucis de Voltaire. Il ne fut inspiré ni par la charité, celui qui fut la haine, ni même par la philanthropie. L'orgueil personnel froissé, tel fut son mobile. Le Parlement de Paris, en ordonnant que de La Barre serait brûlé après décapitation, comme « impie, blasphémateur et sacrilège abominable et exécrable, » ordonna également *qu'on brûlerait sur le même bû-cher le Dictionnaire philosophique de Voltaire* (1). Voilà le secret de l'intervention de celui-ci.

Sur le fait de la profanation des crucifix, M. le Comte Douville de Maillefeu n'avait pas à prouver l'innocence du chevalier de La Barre. Il n'en est pas question dans l'acte de condamnation.

Mais si de la Barre est innocent, Voltaire accuse quelqu'un de ce sacrilège et il met un nom au bout de son accusation : celui de *Belleval.*

Ici, M. le comte Douville de Maillefeu, appuyé, dit-il, sur des mémoires de famille, abandonne son guide habituel, cite d'autres noms et en prend occasion pour jeter l'insulte sur des familles universellement estimées et pour s'étendre longuement sur les mérites de son aïeul et de son grand-père, qui fut accusé de complicité avec le chevalier de la Barre. Puis il en profite, pour présenter à l'assemblée toute

(1) Ce Dictionnaire est un tissu d'attaques contre la religion.

Veut-on savoir quelle en est la sincérité? Un exemple suffit. En 1754, Voltaire reçoit l'hospitalité à l'abbaye des Bénédictins de Senones. Dom Calmet lui prête ses Commentaires sur la Bible ; *il y copie les objections, sans dire un mot des réponses, et en fait le fond de ses attaques.*

sa famille dont il explique les titres no-
biliaires, se gardant bien, du reste, de **ré-**
pondre à l'interrupteur qui lui demandait
des preuves de ses accusations.

A ce moment le discours du noble Comte
ayant tourné en réclame électorale, il ne
nous plaît pas de le suivre sur ce terrain.

VI

Osera-t-on dire maintenant, qu'il est de l'honneur de la République et de la ville, de réhabiliter le Chevalier de La Barre, en lui élevant une statue ?

Assurément oui ! il est bien de l'honneur de la République, rongée de la haine de Dieu, d'élever une statue au Chevalier sacrilège et blasphémateur. Quand il s'agit de la guerre au Christ, elle ne ment jamais à son programme.

Fidèle à son cri de guerre, et marchant toujours en avant, fille avouée de la Convention de 93 (1), qu'elle élève aujourd'hui

(1) A une époque de sang, — le 25 brumaire an II — dans cette année sinistre de 1793, caractérisée par les abus les plus excessifs, la Convention fit trève à ses tueries pour décréter, sous l'inspiration du féroce Danton, la réhabilitation du chevalier de la Barre. Peu lui importait en anéantissant, sous l'influence des passions politiques qui égarent à certaines heures, les assemblées délibérantes, de fouler aux pieds tout prin-

une statue à l'insulteur de Dieu, qu'elle en élève même une, si le cœur lui en dit, à M. le Comte Douville de Maillefeu, le digne descendant d'un ami de de la Barre ! Ce ne sera pour personne un sujet d'étonnement.

Mais que la France, mais que la cité d'Abbeville soient poussées à prendre part à cette manifestation, ce serait une nouvelle infamie contre laquelle tous les hommes sensés protesteraient avec énergie si une pareille pensée ne démontrait qu'enfin nous touchons à cette issue fatale prédite par M. Thiers : la République est condamnée à finir dans l'imbécillité ou dans le sang.

Abbeville peut être fière, à juste titre, de son passé et de ses enfants. A Ringois, le vaillant Ringois, cette noble victime du patriotisme et du vrai courage, à ce citoyen héroïque, élevez des statues ! Nous y applaudirons tous ! Mais n'insultez pas à sa mémoire, en faisant passer, sous l'auréole du martyre de l'indépendance nationale, le débauché sacrifiant à toutes les erreurs philosophiques de son siècle, le jeune homme qui ne rendit aucun service à sa patrie.

Non, Abbeville ne perpétuera pas le

cipe et de consacrer la confusion des trois pouvoirs exécutif, législatif, judiciaire. Il fallait faire acte de haine.

souvenir de cet impie qui, d'ailleurs, n'est pas son enfant et ne lui appartient à aucun titre (1).

Pas plus aujourd'hui qu'en 1848, le peuple ne souffrirait l'outrage à ses croyances. — Qui ne se rappelle l'attitude respectueuse et recueillie de la foule, lorsqu'au milieu de l'effervescence populaire, un élève de l'Ecole polytechnique sortit des Tuileries, tenant en ses mains un christ d'ivoire qu'il porta à Notre-Dame, au milieu du peuple devenu calme tout à coup, et des gardes nationaux présentant les armes. Oui, proclamons-le hautement : le sentiment du peuple n'a pas changé ; il est resté fidèle à Dieu.

On peut le tromper et le soulever pour un instant ; mais lui arracher sa foi, les sectaires, violents ou hypocrites, de l'impiété, n'y sont pas encore parvenus.

(1) Né à Coutances, en Normandie.

Arras, imprimerie du Pas-de-Calais,
P.-M. LAROCHE, dir.

www.ingramcontent.com/pod-product-compliance
Lightning Source LLC
Chambersburg PA
CBHW061133050726
47594CB00005B/2220